JN024020

Fashion for You

スタイリスト／
パーソナルスタイリスト

山下 万里香
Marika Yamashita

Parade Books

| **Prologue**

「ファッション迷子」の原因は「自分迷子」でした

みなさんはファッションに対してどんなイメージがありますか?

「同窓会で周りに差をつける服」とか「異性から評判がよくなるファッション」とか「イタくない年相応の着こなし」など……世間には多種多様な情報が飛び交っていますね。

私自身も、そういう記事を目にするたびに「自分のファッションはこれで大丈夫か」と不安になったり、「とにかく失敗しない服装にしなきゃ」と焦りを感じたりしていました。
きっとどこかに正解があるんじゃないかと思いつつ、答えが見つからないまま漠然と「おしゃれ」を追い求めていた気がします。

かわいい服を着たらかわいくなれると信じて買ってみるものの、帰って着てみたら期待と全く違う……。あの店員さんは素敵だったのに、なんで!?とがっかりして劣等感でいっぱいになっていました。それなのに毎回「今回こそは!」と淡い期待をして服を買い続けてきたんです。

その原因は、これまで「来週は友達とホテルランチに行くから、上品なワンピースを着て行こう」みたいな感じで、「いつ」「どこで」「誰と」「何を」ばかりを意識していて、肝心の「誰が」を考えていなかったことでした。

服を着る本体である自分のことをちゃんと知らなかった。
「これが着たい (着なくちゃいけないんじゃないか)」という心と、「これを着るとしっくりくる」という体とがバラバラで、自分の中に大きなジレンマを抱えていたんです。

「服が主役」ではなく「あなたが主役」のファッション

「あなたが主役」になるファッションのベースはパーソナルスタイリングです。

人それぞれが持って生まれた肌や顔や体の個性を知って、その魅力がしっかり発揮されるような服を選ぶというもの。

あなたが主役なので、あなたのことは変えなくてOK！ 変えるのは服選びの方法です。

頑張って着飾ったり、無理に高級な服を買ったりも必要ありません。

パーソナルカラーやフェイスタイプは、聞かれたことがあるかもしれませんね。

さらにボディタイプやボリュームタイプなど……あなただけの個性をいろんな切り口で見つけていくと、色・柄・デザイン・服のかたち・素材・ヘアスタイル・メイク・アクセ・小物……身につけるもの全てにおいて、あなただけの成功法則がわかる、というのがパーソナルスタイリングです。

理論を元にしたスキルなので、何歳からでもどんな人でも身につけることができます。

洋服の選択肢を絞ってミニマリストになるために使ってもいいし、可能性を広げて新たなファッションを楽しむために使ってもいいし、年齢や好みに合わせて自由に使っていけるのが魅力だと感じています。

私とパーソナルスタイリングの最初の出逢いはカラーでした。

似合う色を教えてもらって半信半疑で着てみたら「あれ？ なんだかいつもより肌がキレイに見える。目も大きい気がする」って、鏡を見るたびにちょっと嬉しくなったんです。

その後、フェイスタイプやボディタイプなど、色とは別の側面からも似合うものを知って自分の持ち味を多面的に知ることで、イヤだった平たい顔も短い手足も自分の一部としてじわじわと受け入れられるようになっていきました。

顔立ちは変えられないけど、顔つきは変えられる

スタイリストとして20年活動していく中で、私の中でもパーソナルスタイリングの持つ意味がどんどん変化していきました。

最初の頃はファッションの効率を上げてくれる道具だと思っていて、各種の診断をメインにしていたのですが、8年前からファッションコーチングに切り替え、ひとりのお客さまと1年以上のお付き合いをしていくと、こんな声をいただくようになりました。

「最近、表情が柔らかくなったねって周りから言われるようになったんです」
「なんだか楽しそうで生き生きしてるね。前は毎日つまらなさそうで心配してたんだよって、家族に言われました」
「1年ぶりに会った友達に、別人みたいになってるやん！って、褒められました」

　その声を聞いて、「あなたが主役」のファッションは、自分の持ち味を認めて受け止める自己受容であり、ありのままの自分でいいと思う自己肯定なんだと気づきました。
　自分への目線が優しくなると、周りの人たちのいいところにも気付きやすくなり笑顔が増えて、身に纏う雰囲気を柔らかいものにしてくれるんだと思います。

「あなたが主役」のごきげんな毎日へ

　この本では、そんな風に自分の個性を生かすことで日常をより幸せに彩っていく女性たち33名のビフォーアフターの姿を、インタビュー付きで本人の心境の変化と共に掲載しています。

　どういう経緯でこのコーディネートになったか、スタイリスト目線からのアドバイスポイントも書いています。
　読んでくださるみなさんが「この人の持ち味、私と近いかも?」という女性を見つけて参考にしてもらったり、インタビューでのエピソードで共感できる女性を見つけてもらったりして、少しでも毎日のごきげんの材料にしてもらえたらとても嬉しいです。

| Contents

Personal type パーソナルタイプ

　顔のかたちや体のライン、肌の色などから、その人がいちばん魅力的に見えるファッションを知るためのヒントとなるものです。すべて掛けあわせると、パーソナルタイプはなんと1404通りにも！あなたの個性を活かす服えらびのコツを見つけてみましょう。

| personal color パーソナルカラーとは

　人が生まれ持った肌・瞳・髪と調和して、その人の良さを引き立てる色のことです。人それぞれ個性があるように、身につけたとき素敵に見える色（似合う色）も違います。似合う色は基本的には一生変わることはありませんが、色の組み合わせ方や使う面積次第で、好みに合わせたり年齢感に寄り添う使い方もできます。

　肌がオークルだからイエローベースとも限りませんし、色白だからといってパステルカラーが似合うとも限りません。実際に人と色を合わせてみたとき、錯覚によってどんな調和/不調和が起こるのかを確かめるのがパーソナルカラー診断です。

〈 SPRING タイプ 〉

　全体的に黄色を含んだ明るく鮮やかな色で、フルーツキャンディのような元気でフレッシュな色のグループです。この中から色をさらに3つに分類することでベストカラーがわかります。

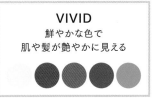

〈 AUTUMN タイプ 〉

　全体的に黄色を含んだ深みとくすみのある色で、秋の紅葉や栗・人参・かぼちゃを思わせるリッチでクラシックな色のグループです。この中から色をさらに3つに分類することでベストカラーがわかります。

〈 SUMMER タイプ 〉

　全体的に青を含んだ明るく柔らかい色で、初夏の紫陽花のようなエレガントで上品な色の
グループです。この中から色をさらに４つに分類することでベストカラーがわかります。

〈 WINTER タイプ 〉

　全体的に青を含んだ濃くはっきりした色で、クリスマスツリーやモノトーンなどスタイリッシュで
都会的な色のグループです。この中から色をさらに３つに分類することでベストカラーがわかります。

| face type フェイスタイプとは

　顔のかたちやパーツの配置などからわかる、その人が魅力的に見えるファッションの方向性のこ
とです。似合う柄・襟・小物・靴・アクセサリー・メイクの方法・ヘアスタイルが見つかります。

　丸顔だから丸い柄が似合うとは限りませんし、面長だからシャープなものが似合うとも限りませ
ん。合わせたとき小顔に見えたり顔のパーツが際立つものが「似合う」タイプです。全身でのデ
ザインの統一感が出るので、コーディネートもグンとしやすくなります。

〈 **stylish** スタイリッシュ 〉

直線的でシャープ、都会的なデザインをかっこよく着こなせる。
無地やストライプ、ロングネックレスなどが似合う。
小物や柄は少なめにしたシンプルなコーデがおすすめ。

〈 **elegant** エレガント 〉

流れるような曲線や左右非対称のデザインを上品に着こなせる。
ペイズリー柄やリアル植物柄・ななめ前髪などが似合う。
小物や柄は全身の50％以下にした優雅なコーデがおすすめ。

〈 **decorative** デコラティブ 〉

曲線的で装飾たっぷりのデザインを愛らしく着こなせる。
フリルや水玉柄・ボブヘアなどが似合う。
小物や柄をたっぷり使った、華やかなコーデがおすすめ。

| **volume type** ボリュームタイプとは

　その人が生まれ持った骨の太さから、バランス良く見える服の素材やアクセサリーのボリュームが
わかります。スリムとかぽっちゃりとか肉付きの度合いは関係なく、細く見えても骨太の人もいるし、
ふっくら見えても骨細の人もいます。

volume type	S	M	L
似合うもの	チュール・レース・ 華奢なアクセサリーなど	コットン・リネン・ パールなど	レザー・ファー・ ツイード・ 大振りアクセサリーなど

body type ボディタイプとは

　生まれ持った体の曲線の度合いから見つける、着痩せと着心地の両方が手に入る服のかたちのことです。トップとボトムそれぞれ別に曲線の度合いを見分けていくので、ひとりの体でトップとボトムのタイプが全然違うこともあります。

〈 **top** 〉

body type	chocolate	strawberry	lemon	orange
肩	○	○	×	×
厚み	×	○	×	○
似合うもの	Tシャツ・ボートネックなど	ドロップショルダー・チェスターコートなど	フレンチスリーブ・フーディなど	パフスリーブ・カシュクールなど

〈 **bottom** 〉

body type	chocolate	lemon	orange
ヒップの丸み	×	×	○
ももの曲線	×	○	○
似合うもの	スキニーパンツ・ペンシルスカートなど	テーパードパンツ・ラップスカートなど	ハイウエストパンツ・マーメイドスカートなど

File : 001

森口 ひさこさん（50代）
もりぐち

私は自分を「職人」だと思っているんです。エステサロンを経営しているので、お客様を綺麗にすることだけに注力していて。だから自分のことはあまり構っていなくて「これが好き」というより、このブランドなら人に見られても大丈夫だろうという服を選んでいました。何に対しても良い意味で「どちらでもいい」と思ってきました。

before

color	face	body (top)	body (bottom)	volume
SPRING（WARM）	デコラティブ	—	—	—

Marika's Advice point

見る側まで幸せな気持ちになる笑顔が印象的。お手持ちのセットアップが色も柄もお似合いだったので、カーデ・スニーカー・ベレー帽・イヤーカフを買い足し。キュッと詰まった丸首と高い位置にポケットがあるカーデはフェイスタイプ通りで、視線を上げてスタイルアップ。鮮やかな黄緑は彼女のキュートさと潔さにもぴったり。

撮影後の心境

撮影した写真を見て、自分で自分を可愛いなと素直に思えましたし、もっと綺麗でいたいと感じました。そこで気付いたのが、今までの私にとって「洋服＝鎧」だったということ。経営者として、頼れる存在として、こうあらねば！みたいな。でも、もっと自分らしさも出していいんですね。鎧を脱いで、私が私に戻れた感覚です。

File : 002

小池 恭子さん（50代）
（こいけ きょうこ）

とても小柄なので、サイズの合う服がなく、結局ワンパターンなものを選んでいました。引き締まって見えるかな、と思って黒もよく着ていましたね。背が低いので、少しでも背が高く見えるように姿勢良く歩いたり、小顔に見えるように工夫したり。仕事柄、人からどう見られているのかは意識していました。

color	face	body (top)	body (bottom)	volume
AUTUMN（WARM）	—	—	—	—

Marika's Advice point

お手持ちのカーキゴールドのスカートを使ったコーデ。スタンドカラーのネックラインに地模様ニットベストで重心を上げ、シアーカットソーで軽さを出しました。ロケ地のフラワーショップのヨーロピアンクラシカルな雰囲気も彼女の魅力にぴったり。オーナーさんと同じ壁掛け時計や照明を持っているというミラクルな共通点も。

check point

Marika's
Advice point

キュートさとエレガントさが共存するところが魅力。このワンピは愛らしいデザインと上品な揺れ感の両方があり、見た瞬間に「彼女のためのワンピだ!」と感じました。ベルトで視線を上に上げ、お手持ちの曲線的なジャケットを羽織って、丸みもすっきり感もあるブーツをセレクトして完成。カールを強めにしたヘアで小顔感も。

撮影後の心境

サロンのお客様に「綺麗にしている人の所に通いたい」と言われます。アラフィフになり「心身の健康は、美容につながる」をテーマに、また次の10年を過ごしていきたいです。何歳になっても、美と健康、ファッションや趣味にときめく心、そして「女性である」という気持ちを忘れないことが大切だと思っています。

File : 003

before

林 節子さん（50代）
（はやし せつこ）

昔から服が大好きでたくさん持っていた
けど、統一感がなくコーデに迷ったりする
ことも。「服が素敵」なことにばかり目が
行っていて、「自分自身が映える」という
感覚はあまりなかったんです。写真に関
してもそう。職業柄、人前に出ることが
多くてしょっちゅう撮るんですが、いつもど
こかイマイチな気がしていました。

color	face	body (top)	body (bottom)	volume
AUTUMN（WARM）	—	—	—	—

Marika's Advice point

表面感のある大胆なニットとグリーン
のカーゴパンツで、マニッシュでアクティ
ブに。生命力を感じるシャルトルーズ
グリーンやリーフグリーンはお似合い
の色であり、周りを元気付ける彼女の
印象にもぴったり。二の腕までドロップ
したショルダーで肩幅を綺麗に見せ、
ロールアップしたパンツの裾で締まっ
た足首を見せました。

Marika's
Advice point

弾けるようなエネルギッシュさと引き締まっ
たボディをスパークさせるコーデにしまし
た。アイボリーのジャンプスーツと黄緑の
厚底スニーカーで今にも駆け出しそうな
スタイルに、ゴールドのチェーンベルトと
オレンジのスカーフを合わせてモードに
仕上げました。タイトにスカーフを巻いて
小顔が際立つシルエットにしています。

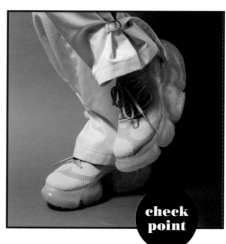

check
point

撮影後の心境

自分の写真を見て感動したのは初めてでした。私、映えてる！！ プロ達のそれぞれの引き出しが素晴らしいですよね。この背景でこの服の私がこのポーズだから、この世界観が表現されているんだと思ったし、それが自然で自分らしいと思えました。普段の心掛けも変わってきて、服を選ぶ基準、普段の立ち姿や仕草も意識するようになりました。

File : 004

橋本 弘子さん（50代）
(はしもと ひろこ)

スッキリした感じが好みなので、パンツスタイルは自分に似合うと思っていました。でも、ワンピースは着こなす自信がありませんでした。このワンピースは色が気に入って買いましたが、一度しか袖を通していなくて「何とか着こなしたい！」という思いがありました。

before

color AUTUMN（WARM）	face —	body (top) —	body (bottom) —	volume —

Marika's
Advice point

お手持ちのチェーン柄ブラウスとスキ
ニーデニムを使って、美脚が際立つ
コーデにしました。ブーツと色を合わ
せたベルトとブラウンゴールドのネイル
を買い足し！ ブーツインしたりジャケッ
トを肩がけにして、彼女のフットワーク
の軽さを表現。カットソーの柄の丸さ
を長めのネックレスで緩和させ、ハッ
トで高さを出しました。

Marika's Advice point

ダンサーとしての豊かな表現力に釘付け
になりました。お手持ちのワンピースが色も
素材も素敵だったので、足を綺麗に見せ
る丈感に調節するためのロングブーツとウ
エストの細さをそっと強調するベルトを買
い足しました。首元のリボンが甘くならない
よう、長さを出す結び方にして顔がすっき
り洗練されて見えるようにしました。

check point

撮影後の心境

このワンピースの印象が変わるようなアドバイスを頂けて、目から鱗でした。コーディネートの多様性を知る機会をもらえて嬉しかったです。
「自分にはこのスタイル」と決めていましたが、今回の経験でチャレンジ精神が芽生えてきました。自分のファッションに対する可能性を広げてくれるような楽しみ方を教えて頂きました

File : 005

大野 孔子さん（40代）
<small>おお の よし こ</small>

とにかく自分に自信がなくて、引っ込み
思案。人目を気にして無難であろうとし
ていました。目指していたのは「柔らか
い雰囲気の可愛らしい女の子」。でも、
可愛いと思って試着して買ったのに、服
を着て街に出ると野暮ったく見えてしま
う—。それが何故なのか分からず、ずっ
とモヤモヤと悩んでいました。

color	face	body (top)	body (bottom)	volume
WINTER（VIVID）	エレガント	lemon	lemon	M

Marika's
Advice point

黒の手持ちが多い彼女に純白をベース
にしたコーデ。シアンのスカーフと赤の
ソックスでアクセントをつけたメリハリ配
色に、シルバーの帽子と靴を加え、人形
のような愛らしさと凛とした印象を共存
させました。透け感のあるカットソーやス
カートに、コットンニットや大判スカーフで
ボリュームを足して華奢すぎないように。

check point

Marika's Advice point

以前は彼女の知的な印象が垢抜け感を邪魔して
いたとお聞きして、逆にその知性を生かしつつ遊
び心あるスタイリングに。長めのジャケットが重く
ならないよう袖丈を短くして、サテンのパンツと合わ
せました。ストールは薄手2枚をねじって、フェイス
タイプに合う長さと非対称の垂れ下がりで、顔が
華やかに見える首元づくりを。

撮影後の心境

森ガール路線だった私が、こんなにも都会的でスタイリッシュな服が似合うとは！レザーや派手な色を着ると目鼻立ちがクッキリ！ 私って実は、カッコいい路線だったのね！笑 ファッションは「自分らしさを楽しむもの」。これってものすごくハッピーなことだと気付きました。これからもそんな自分にワクワクし続けたいです。

File : 006

高森 里香さん（50代）
(たかもり りか)

服はこれまで着心地と直感で選んでいま
した。似合うと思って買ったけど、どう組
み合わせていいのかわからず、出かける
ときは結局あり合わせで見切り発車の
コーデになるのが悩みでした。もっとセ
ンス良く着こなせたらいいのにって。で
も、それを誰が教えてくれるかわからな
かったんです。

— before —

color	face	body (top)	body (bottom)	volume
SPRING（LIGHT）	デコラティブ	—	—	—

Marika's
Advice point

その場にいる皆を一気にポジティブな気持ち
にさせる笑顔と発言が素敵。彼女の宝物で
ある結城紬の着物と植物柄の帯がお似合
いなので、それをお花畑に見立ててコーデ。
彼女を元気に見せるコーラルピンクの帯締め
と帯揚げ、髪飾りにはお花を使って、帯留め
代わりのブローチはお花畑に遊びに来た蝶。
その世界観は彼女そのもの。

Marika's
Advice point

カラフルなティアドロップの刺繍が入った
コクーンスカートは、色もデザインも彼女
らしくてショッピングの最初に見つけてす
ぐ決めました。ラウンドネックでパフスリー
ブのアイボリーニットとゴールドのショート
ネックレスはフェイスタイプに合っていて、
彼女の若々しくフレッシュな魅力をいっ
ぱい引き出してくれています。

check
point

撮影後の心境

写真集の準備をしていくうち、服への
意識がどんどん変化していきました。
「身に纏うものは私らしく生きるため
に応援をしてくれるもの」今ではそう
思います。撮影は、大好きな人達に
見守られ、お気に入りの着物も着られ
て幸せな気持ちが溢れました。その
後じわじわと「私は私のままでいい！」
という感覚が芽生えてきました。

File : 007

寺本 慶子さん（60代）
<small>てらもと　けいこ</small>

流行を追いかけていたし、似合わない
色の服も着ていました。背が高いのが
嫌で、いつもヒールのない靴を履いてい
て。でも、ファッションショーでモデルの
バニラさんが、ヒールの高い靴を履いて
カッコ良く歩いている姿を見た時に「背
が高くてもいいやん！　私もあんな風に
歩きたい！」と思ったんです。

before

color	face	body (top)	body (bottom)	volume
SPRING（LIGHT）	デコラティブ	strawberry	lemon	L

32

Marika's
Advice point

人を包み込む優しさと天真爛漫な明るさで周囲に人が自然と集まる方。ブラウスはターコイズの色味で若々しさを、フェイスタイプと合わせたフリルやふんわり袖で彼女の女性らしさを際立たせました。大胆な柄のパネルスカートはボリュームタイプと合わせスタイルアップ。ベルトとブーツをブラウンで統一し引き締め効果を。

Marika's Advice point

カラフルで華やかなデザインのブラウスは、彼女が持つレディなキュート感と相性ぴったり。ソフトマーメイドのスカートは、ウエストから膝にかけての曲線を上品に出してくれます。ネックレス・ベルト・スニーカーのラインでバランス良く配置した赤でコントラストをつけ、甘めのコーデに彼女のアクティブさをプラスしました。

check point

撮影後の心境

違う自分が見えてくる楽しさを知りました。「私ってめっちゃ素敵なんや」と思えて。自分を好きにならないと、他の人も愛してあげられない。自分のことが嫌い、という人も、変わったら必ず自分を好きになれる。私が変えてもらったように、今度は私もその人だけが持つ素敵さを引き出せるスタイリストになる!と決意しました。

File : 008

中村 章子さん（40代）
なかむら　しょうこ

皆が好きなものや流行には興味がなく「自分の着たいものしか着たくない」タイプ。同じブランドばかりを着ていて「好き」を貫いていました。ただ、好きなものは分かるけれど「似合うもの」が分からない。「今日の服装、ちょっと違うな」と思うけれど何が違うのか分からない、そんな違和感はありました。

before

color	face	body (top)	body (bottom)	volume
WINTER（COOL）	エレガント	strawberry	lemon	M

Marika's Advice point

しなやかな腕や足がとても魅力的！　肌見せがお好き＆華やかなお顔立ちの組み合わせが上品に纏まるようコーデしました。買い足したものは帽子とソックスだけ。パーソナルカラーの黒×シルバーのワンピをスニーカーと帽子でカジュアルダウンし、ジャケットとチラ見えソックスで肌面積を調整しました。

撮影後の心境

「違和感」の正体はズバリ「色味」。知ってしまうと選ぶ基準も変わってきます。自分で服を選ぶと「夜のお仕事風」になりがちだったのですが「夕方」くらいの雰囲気の方が程好いことも知りました。この冬はネイビーのコートをバシッと着こなしたい！ これからも大好きな服を着て、ゴキゲンな40代、50代を過ごしていきます！

37

File : 009

前坊 依里さん（20代）

私はなんでも障害のせいにしないと生きてこれなかったんです。なんとか生きる為には、どうにか責任の矛先を変えないとやりきれなくて。でも障害のせいにしてる自分は好きになれなくてモヤモヤしていました。撮影会のことを聞いたとき「関わりたい」と思って、この機会に私は障害のせいにするのをもうやめようと思ったんです。

color	face	body (top)	body (bottom)	volume
AUTUMN（WARM）	エレガント	—	—	—

Marika's Advice point

かわいさとキレイさを両方兼ね備えている方なので、カジュアルなオレンジカットソーを甘さと優雅さが出るようコーデしました。華奢でコンパクトなからだに合うようロンスカは透け素材の軽やかなものを。スカートの柄やタンクトップは、オレンジの反対色のブルーで凛とさせ、ブーツと時計はレザーを使って大人の落ち着きを。

撮影後の心境

自分の感情を言葉にするのに時間が掛かるタイプで、まだ私がこれまでの生き方をどれくらい手放せているかわからないですが、撮影のために各方面のプロが私のために全力を尽くしてくれて、それを自分に体験させてあげられたのは大きな一歩でした。みなさんの姿を見て、素敵だと思える人との出会いを道標にしていきたいと思いました。

File : 010／012

恭代さん（50代）／ left

お洒落好きだったのに、最近は服の物欲すら無くて。独立した娘とキラキラとした非日常を味わい、大切な記念にしたいという親心から参加を決意。

菜々子さん（20代）／ right

友達に「コレあんたの好きそうな服やな」と言われるくらい、似たような服ばかり選んでいました。憧れはあるものの、挑戦できないままでした。

— before —

left	color	face	body (top)	body (bottom)	volume
	AUTUMN（DEEP）	スタイリッシュ	—	—	—

right	color	face	body (top)	body (bottom)	volume
	AUTUMN（WARM）	デコラティブ	—	—	—

Marika's Advice point

引き込まれるような色っぽさがとても魅力的な方。菜々ちゃんと似合う色が近いけど同じじゃない、そして似合うデザインや内面のキャラクターは真逆、というのを表現するコーデに。菜々ちゃんと同系色でも深みのあるブラウンやレッドをチョイス。ジレやネックレスでしっかりと長さを出してスタイリッシュなコーデにしました。

Marika's Advice point

小顔で抜群のスタイルの持ち主！　彼女にとって初挑戦のセットアップはブラウンオレンジを選んで軽やかな温かみを出しました。それよりもワントーン濃い色のスカーフを足して、恭代さんのディープカラーとリンク。フェイスタイプに合わせてバタフライ刺繍Tシャツをセレクトし、彼女のキュートな瞳の丸みを生かしました。

撮影後の心境

人前で娘とくっつくことなんて、小さい時以来。私自身、元々写真が苦手で、気恥ずかしくてたまらなかったのですが、意外にも娘の方がニコニコ笑顔で臨んでいて。「意外と度胸あるな」と驚きつつ、楽しんでいる様子が伝わってきて、大満足でした。プロの皆様のお陰で、ありのままの母娘の姿を表現できて嬉しく思っています。

撮影後の心境

自分で写真を撮る時は、アプリでめっちゃ加工することが多かったので、ここまで綺麗に撮れんねんとビックリ！「こんな服も着れるんや」と新しい自分を発見できて良かったし、チャレンジするのって意外と怖くないんだなって思いました。母の方がアクティブなので、まだまだだなと思いますけど。笑

File : 012

田渕 悦子さん（50代）

自分をずっと「可愛くない」と思っていま
した。それどころか自分は不細工やと
思って生きてきました。一見「フワッ」と
見えるかもですが、結構キツいこと言っ
ちゃうし。「綺麗」とかは、自分とめっちゃ
離れたところにある存在。「可愛い！」と
言われても「そんなわけない！」と否定し
ていました。

before

color	face	body (top)	body (bottom)	volume
SPRING（WARM）	デコラティブ	—	—	—

44

Marika's
Advice point

エレガントで大人っぽいコーデ。黄み
をしっかり含んだターコイズブルーの
パンツを軸に、とろみ感のあるベー
ジュのブラウスとアイボリーのチェーン
パンプスを合わせました。花柄＆ボ
ウタイのブラウスが甘くなりすぎないよ
う、タックインして面積を減らしていま
す。サイドにボリュームのあるショートボ
ブもお似合いです。

Marika's
Advice point

人懐っこい笑顔がとびきり愛らしい彼女の良さを朱赤のセットアップが引き出してくれました。パフスリーブ・スタンドカラーの襟・総レースの装飾性、そのどれもがフェイスタイプにぴったりでキュートな持ち味が存分に出ています。雨だったので当日撮影に追加した傘は柄もお似合いで、彼女の応援アイテムになっていました。

check point

撮影後の心境

20歳下のパートナーから「悦子さん、こういうの着るんだ!」と驚かれて。このセットアップを着てデートに来てもらえたら、すごく良い場所に連れて行かなきゃ、って張りきっちゃうな〜と言われました。笑　撮影は本当に楽しかったし、やって良かった。この服を着て、みんなに「可愛い!」と言ってもらえて素直に嬉しいです。

File : 013

松浦 久美子さん（60代）
まつうら　くみこ

結構衝動買いする方なんです。これが
いいと思ったら、似合っていてもいなくて
も、買う時は一気に買ってしまう。性格
上悩まないので、最初に見たものがい
いと思ったら、試着もせずに買うんです。
自分のサイズに合っているか、というとこ
ろまで意識していなかったので、もちろん
失敗もたくさんありました。

— before —

color	face	body (top)	body (bottom)	volume
SPRING（WARM）	デコラティブ	chocolate	chocolate	L

Marika's
Advice point

お手持ちのワンピとブーツを使った
コーデ。ハートネックはフェイスタイプ
に、大胆な柄はボリュームタイプにぴっ
たりなので、このワンピはオンラインで
見せてもらってすぐに決定！ 深い
ターコイズのカットソーとブラウンのベ
レー帽を買い足しました。ブーツ（足
先）と帽子（頭の先）を同じ色にして
コーデをグレードアップ。

Marika's
Advice point

羨ましいほどの長い脚を生かすコーデにしました。新緑のグリーンのカットソーとスニーカーは彼女をイキイキと見せる色。無地ながらもカットワークが柄の役割をして、表情を優しく見せてくれます。魔法のステッキと同デザインのネックレス＆ピアスはオーダーで制作。黄みたっぷりのベージュアウターで温かみを足しました。

check point

撮影後の心境

仕事が忙しくてなかなか自分と向き合う時間が持てないのですが、折にふれ写真撮影をしています。私にとって写真撮影は、人生の夢と仕事の夢が折り重なり「また次の仕事に向き合って行こう！」とテンションを上げてくれる原動力のようなもの。今回の写真も、自分と思い出話をしているような気持ちになり、癒されています。

File : 014

石田 ともよさん（40代）

昔から個性的な性格で「人目を気にする時間があったら、自分のやりたいことをやる」という思いが強かったです。服選びも自分がコレと思ったら即決。麻や藍染めのアジアンテイストの服が好きで、よく着ていました。自分のことを色黒だと思い込んでいたので、どちらかというと暗めの色を選びがちでした。

— before —

color	face	body (top)	body (bottom)	volume
WINTER（VIVID）	スタイリッシュ	strawberry	lemon	L

Marika's Advice point

どこにいてもパッと目を引く彼女の存在感を、ボリュームを生かして特大のハートで伝えるコーデにしました。Tシャツの素材感が柔らかいのとパンツとの配色がソフトなので、張りのあるブラックのタートルとパンプスを加えてメリハリをプラス。スカーフは頭の高さが出るように巻いて、結び終わりを長くして縦長シルエットに。

Marika's Advice point

高彩度なブルーのセットアップで彼女を艶やかに。そこにVネック・ロングピアス・ポインテッドパンプス・直線的なクラッチ・鋭角の花飾り……とシャープな要素を重ねてフェイスタイプに合わせ小顔効果を出し、粋でスタイリッシュなコーデに。（撮影補助で裾をひらひらさせていた私の手も写っています。笑）

check point

撮影後の心境

服選びがとても楽になりました。仕事や料理など、毎日いろんなことを考えるの
が面倒くさいので。「ド派手な柄を選びましょう」「ゴツいアクセサリーを着けましょ
う」と教えてもらい、そこから選べばいいんだという判断基準ができたので助かっ
ています。一度きりの人生、これまで以上に目立って、トコトン楽しみます！

File : 015

なおこさん（50代）

幼い頃から父に「いつどこで誰と会っても恥ずかしくないような恰好を」と言われ、母も絵描きの祖父の血を継いで色には詳しくて。そんな環境で育ち、服にも色彩にも興味があった私にこの企画を勧めてくれたのは、公私共に長年支えてくれている石田さん。彼女が熱心に関わっているならと二つ返事で参加。

— before —

color	face	body (top)	body (bottom)	volume
SPRING（VIVID）	—	—	—	—

ショッピングで最初に決まったイエローの
レースマーメイドスカート。ゴールドボタンの
ジャケットと張りのあるボウタイブラウスでロ
イヤル感を出しつつ、しなやかな柔らかい
革を選ぶことでエレガントさを加えました。
コーデ全体をマイルドな配色にしたので、
黒髪と赤リップで彼女にお似合いのメリハ
リ感をプラスしました。

Marika's
Advice point

知性と気品が全身から滲み出ている方。装飾を控えて服のシルエットと色で魅せるコーデにしました。彼女を艶やかに見せる鮮やかな赤のワンピは、小顔と長い首を生かすボトルネックをセレクト。ベルスリーブと裾の揺らめきで女性らしさを。ベルトや小物をシンプルにすることで、彼女の持つ強さが引き立つようにしました。

check
point

撮影後の心境

ここ数年自分の買い物をしていなかっ
たので、久しぶりに好きな赤や黄色の
服を着てみて、その姿にちょっと自分
でもビックリ！　心弾んじゃいました。
この撮影はコロナ禍で我慢続きだっ
た私に自分を見つめ直す機会を与え
てくれました。選ぶ服の枠も広がった
し、今後はワクワクウキウキする時間
を持っていきたいです。

File : 016

進 麻美子さん（40代）
しん ま み こ

昔からデカい、足が太い、胸がないとい
うのが3大コンプレックス。できるだけ難
点が隠せる服を選んで数十年。可愛い
服や露出系の服なんて、選択肢にすら
入りませんでした。出産後も変わらず、体
型が出ないものを前提に服選びをして
いて、オシャレな店で買った服を着てい
れば大丈夫、と思っていました。

— before —

color	face	body (top)	body (bottom)	volume
AUTUMN（WARM）	エレガント	strawberry	lemon	L

Marika's Advice point

肌をたくさん見せるアイテムなの
で、似合う色の中でも特に肌色
のよさと引き締め効果のある濃
厚なオレンジ色を。肩に掛かるく
らい外側についている肩紐のトッ
プで肩幅を綺麗に、おへそ下で
履くボトムでウエストやふとももを
すっきり見せました。ボリュームタ
イプから袖幅が大きく丈の長い
ガウンを選び、着やせ効果も。

撮影後の心境

ビキニを着るなんて、想像すらしなかった私ですが、45歳にして「大好きな自分」に出会えてとても嬉しいです。自分で自分を「可愛い」と思える世界が目の前にあったのに、見ようとしなかっただけ。素敵なビキニが似合うようになるまで、自分と向き合ってきた大切な私に「ありがとう」と伝えたいです。

File : 017

矢羽田 瑞恵さん（40代）

シンプルな服が好きだったのですが、着こなしのセンスがないので、無難な服を着ていました。黒や白などモノトーンの服もよく着ていて。合わせ方が分からないのに一目惚れしたものを買ってしまうことが多かったです。オシャレだなと思って買った紫のパンプスも、一度も履いたことがないままでした。

— before —

color	face	body (top)	body (bottom)	volume
WINTER（VIVID）	スタイリッシュ	—	—	—

Marika's Advice point

立つだけで絵になる都会的なハンサム感が魅力。お手持ちのワンピとパンツとパンプスを使い、ピアス・スカーフ・ネックレスを買い足し。フェイスタイプに合わせたロングでシャープなネックレスと縦に長く巻いたスカーフ、ウエットなオールバックで小顔感をさらにアップ。余白の大きい撮影方法もフェイスタイプと好相性。

撮影後の心境

ファッションがひとつのキッカケとなって、仕事やプライベートでも「こんな自分にもなれる」「もっといろんなことができる」という可能性の広がりを感じました。「諦める」とか「自分には合わない」と思うことって、不要なんだと分かって。むしろ「何でもできる」「何でもやってみよう」と思えるようになりました。

File : 018

大橋 しのぶさん（50代）
<small>おお はし</small>

若い頃から洋服が好きで、自己流で着こなしを楽しんでいたけれど、どれが本当に自分に似合っているのかは分からないまま。洋服を買っても上手いこと着こなせないジレンマを抱え「オシャレ迷子」になっていました。買ってみたものの結局はタンスの肥やしに。勿体ないお金の使い方をしていたと思います。

color	face	body (top)	body (bottom)	volume
SPRING（LIGHT）	デコラティブ	orange	lemon	S

Marika's Advice point

彼女の肌の透明感を引き立てるコーラルピンクを使って、元気いっぱいでマニッシュ感もあるコーデにしました。ジャケットがマットなウールなので、サテンパンツ・ビジューTシャツ・イヤリングでツヤ感を足して軽やかさと女性らしさを。ビジューが波型なのもパンツの裾が絞られているのもフェイスタイプのお似合いポイント。

Marika's Advice point

友人のアクセサリー作家さんに、似合う色と形で作ってもらった大切なネックレスとイヤリング。今は天国にいる彼女と一緒に出演できるように、このアクセサリーを軸にコーデしました。ワンピは、フェイスタイプに合う総柄でボリュームタイプに合う小柄と素材。ふんわりと揺れる軽やかさで、骨が細い彼女をスタイルアップさせてくれます。

check point

撮影後の心境

家族を失ったからこそ、生きている今
に感謝し、大切にしたい！ 主人や
私の母の分まで、人生を完全燃焼し
て生き抜いていきたい。
一歩踏み出す勇気を持てば人生は
また輝き出す！ それを体現したくて
この写真集にチャレンジしました。そ
んな私の生き方が、誰かの背中を押
すことに繋がると信じています。

File : 019

原田 和美さん（50代）
（はらだ　かずみ）

母親がお洒落な人で、小さな頃からお
出掛け用とお家の中用の服がありまし
た。冬なら帽子にコート、それに合った
ブーツ、といった環境で育ったんですね。
大人になり、友達と服の選び方が違うこ
とに気付き、そうした習慣が苦痛になっ
てしまって。流行を追ったり、周りに合わ
せるようになっていました。

before

color	face	body (top)	body (bottom)	volume
SPRING（LIGHT）	デコラティブ	orange	lemon	S

Marika's Advice point

メンズスーツっぽいセットアップは、彼
女のからだの曲線を生かした形をセ
レクト。胸元を包むカシュクール風の
ショートジャケットに、タック入りワイドパ
ンツで足をスッキリ見せました。イン
ナーは薄手素材で女性らしい繊細さ
とスタイルアップ。フレッシュなイエロー
グリーンを選び、彼女の肌の透明感
が一層際立出せました。

Marika's
Advice point

チャーミングな外見と論理的でマニッ
シュな内面が共存するところが、彼女
の魅力を立体的にしていると思いま
す。彼女のフェイスタイプに合うキュー
トなアイテムを、内面が納得するよう辛
口に味付けするのが彼女らしいコー
デのポイント。甘めのボウタイながらピ
リリと鋭い赤のブラウスに、黒を小物
で効かせてコントラストを。

撮影後の心境

いつも無意識に、周りのことを優先していた
と思います。でも、この撮影を境に「自分を
大切にしたい」「時間を大切にしたい」とい
う気持ちが生まれてきて。自分に集中して
向き合ったことで、理屈や言葉を超え、心
のスイッチがスッと切り替わったんですね。
こうした機会を与えて下さった皆様に、感
謝の気持ちでいっぱいです。

File : 020

早川 浩恵さん（50代）
<ruby>早<rt>はや</rt></ruby><ruby>川<rt>かわ</rt></ruby> <ruby>浩<rt>ひろ</rt></ruby><ruby>恵<rt>え</rt></ruby>

自営業の家に嫁いで30年。お姑さんも
同居していて、私が主人や子供を置い
て遊びに行くなんてとんでもない！という
考えで。買いに出掛けることもできず、ど
んな服が似合うのかも全然分からない
ので、体に入る服を通販で買っていて。
変わりたいのに変われない、どうにもなら
ない状態でした。

— before —

color	face	body (top)	body (bottom)	volume
SPRING（LIGHT）	エレガント	strawberry	lemon	S

Marika's Advice point

モチモチできめ細かい肌がチャームポイント。この朱赤のパンツはショッピング中に彼女自らチョイス。肌の美しさが映えています。ボリュームタイプに合わせた薄手素材の白カットソーで軽やかさを出し、アシンメトリーのデザインで顔を華やかにしました。靴とパンツをつなぐ赤の柄ソックスで遊び心もプラス。

check
point

Marika's Advice point

ご主人からプレゼントのネックレスは、ティアド
ロップ型のダイヤもゴールドの繊細なチェーンも
彼女にぴったり。このネックレスとワンピを繋ぐ
よう、光沢のあるターコイズブルーのストールを
採用。ワンピのカシュクールは彼女の曲線的な
胸元を上品に包んでスタイルアップ。セミロング
ヘアとフェザーのバレッタで小顔効果を。

撮影後の心境

私の変化に猛反発していたお姑さんも「その服どこで買ったん?」と聞いてくれるまでに。前回ミニ写真集を作った時は介護中の父が末期で。でも「撮って良かった」と思うんです。見るたび、介護と自分の学びを両立できたことが自分への信頼として感じられて。今回の撮影も、そう思う日が必ず来る。私に合う洋服探しを諦めなくて良かった!

File : 021

上野 聖子さん（50代）

洋服の組み合わせを考えるのは、昔から好きでした。人と同じものを着るというよりは、人と違うものを着ていたい方です。「私と同じような服を着ている人」とは極力すれ違いたくない。好きなものがハッキリしているので、洋服を買う時は「私だけが着る服に出会いたい」という気持ちで選んでいました。

<u>before</u>

color	face	body (top)	body (bottom)	volume
WINTER（COOL）	—	—	—	—

76

Marika's Advice point

お似合いの黒ワンピースをお持ちだったので、印象的なデザインの
カーデを加え、ピンクのイヤリングとストールで彼女に合うメリハリ
コーデにしました。カーデのコクーンなシルエットをすっきり見せるよ
うストールで縦のラインを強め、イヤリングも長いものをセレクト。多
用した黒が立体的になるようブーツはエナメル素材で。

Marika's
Advice point

深い黒髪と魅惑的な唇でミステリアスな魅
力の持ち主。お手持ちのシャツとパンツを
使い、黒の厚底ブーツとベルトとスカーフを
プラス。赤はトーンを抑えたボルドー、青は
彩度の高いロイヤルブルーで、彼女が映え
る大胆さを出しつつ心地良い配色に。パ
ンツの青と靴の黒が入ったスカーフを選
び、トップとボトムを繋ぎました。

check point

撮影後の心境

撮影日は雨で、非現実な異国で撮らせてもらったような感覚でした。ほぼ私物なのですが、青いパンツをボルドーのシャツと合わせると、こんなにもシャープな印象になるなんて。黒い服の方は、着ていて落ち着くという感じで。どちらも私なのですが、新しい自分を引き出してもらえたようで、その感動の余韻がまだ残っています。

File : 022

木下 益子さん（60代）
<small>きのした ますこ</small>

無地のTシャツにデニムといった、動き
やすくてシンプルな服ばかり着ていまし
た。色味のあるものには目が行かず、洋
服は「ただ身に纏うもの」という感覚で。
専業主婦歴が長いので、服に気を配る
のは、子供たちの学校行事やお友達と
のランチくらい。オシャレの必要性をあ
まり感じていませんでした。

before

color	face	body (top)	body (bottom)	volume
SPRING（WARM）	デコラティブ	chocolate	chocolate	L

Marika's
Advice point

総柄ワンピースを着て、さらにカチュー
シャ・めがね・ピアスで顔まわりを華やか
に彩っても上品に纏まって見えるのは彼
女ならでは。ゴールドのサンダル（クレオ
パトラと私が勝手に命名した）とゴールド
のピアスとターコイズのカーデで、貴婦
人のようなコーデを温かみと親しみがあ
る印象に着こなしていて素敵です。

Marika's
Advice point

印象的な大きな瞳を魅力的に見せる丸く鮮やかなオレンジのフレーム、見た瞬間に彼女のためのメガネだと思いました。ボックス型の直線的なニットとタックもギャザーもないフラットなスカートで、モデルのような彼女のからだが生かされスラリと縦のシルエットに。大粒ネックレスやニットの素材感も彼女に合うボリューム感で。

check point

撮影後の心境

自分に合う色を着ると、顔色がパッと明るくなるのを感じたり、人から「いいね」と言われることが増えました。主人も私のクローゼットを見て「色が変わったね」と言ってくれて。自分に合った服を着ると胸を張って歩けるのを感じます。年齢を重ねていく中で、気持ちも装いも、いつまでも若く楽しくありたいなと思っています。

File : 023

井川 訓子さん（50代）

洋服は上下セットで買うので、同じ組み合わせでしか着ていませんでした。着こなしている自信はなかったけれど、高い服を買うことで安心していました。人から好かれていたい、誰からも嫌われたくない、という呪縛がずっとありました。そう言いながら私自身、誰にも気持ちは許していなかったと思います。

before

color	face	body (top)	body (bottom)	volume
WINTER（COOL）	スタイリッシュ	strawberry	lemon	L

Marika's Advice point

女性も憧れるハンサム感とたおやかさが魅力。ブラックコーデをアイテムの質感を変えながらスタイリング。ロングワンピのたっぷりした生地とすっきりした落ち感で彼女のからだの美しさを出し、フェイスタイプに合わせたチョーカーとロングネックレスで小顔感をさらに強調。ハードなレザージャケットとの対比で女性らしさを。

Marika's
Advice point

思いきり弾けてみたいとのリクエストで、古着の柄パンツを使い都会的で軽快なコーデに。彼女の肌をイキイキ見せるブルーのカットソー。カットワークのデザインをチョイスし、そこからインナーのロゴを覗かせ遊び心いっぱいに。白っぽい色を多用したので、ブーツとベルトはブラックをセレクトし、大人の安定感も出しました。

撮影後の心境

定年まで一年を切った頃、ようやく「私のことを嫌いな人は、嫌いでいいですよ」と思えるようになりました。この写真を友人に送ったら「未来への扉が開いてるやん」と言ってくれて。私には、まだその扉の向こうは見えていないけれど「撮影しなかったら、きっと後悔する」と感じたので、本当に撮って良かったと思っています。

File : 024

戸田 雅美さん（50代）
<small>とだ まさみ</small>

自分に似合いそうな色ってどうしても偏ってしまうんです。パステル系の服を好んでよく選んでいました。ここ最近太ってしまって体型が変わったので、何もかもが似合わない、と感じていて。お腹と腰回りのお肉がジャマ過ぎて、スカートを着こなしたいけれど、結局ラクなジーンズばかり履いていました。

color	face	body (top)	body (bottom)	volume
AUTUMN（LIGHT）	エレガント	—	—	—

Marika's Advice point

華やかな顔立ちの長身が映えるよう、生地たっぷりのロングスカートに熟した果実のようなオレンジのニットで、豊かでリッチなコーデに。当日に見つけたオリーブグリーンのベルトと、お手持ちの黒ブーツから急遽変更してもらったブラウンブーツで撮影直前にグレードアップ！ Ｖネックのシャープさにネックレスで優しさも。

撮影後の心境

今年は「何でも挑戦してみよう!」と思ったんです。ある程度のことは、誘われたらやってみようって。撮影は思った以上に楽しかったし、自分の意外な一面を知ることができて良かったです。娘に見せたら「私もやってみたい」って言っていましたし、自分でも綺麗に撮れているなと思うので「プロってすごい!」と思いました。

File : 025

中田 さやみさん（50代）

洋服は大好きで、タンスの中には服が
いっぱい。でも、黒い服ばかり。汚れが
目立たないし無難だし。美容系の会社
を経営しているので「黒を着ていれば
カッコ良く見えて、デキる風に見える」と
思い込んでいて。でもその割には「自分
なんて」という言葉が口癖になっていた
り、自信のなさを感じていました。

— before —

color AUTUMN（WARM）	face —	body（top） —	body（bottom） —	volume —

Marika's
Advice point

ディープターコイズとオリーブグリーンとい
うヨーロッパ的な配色で彼女の洒落感
を引き出すコーデに。この2色の間のブ
ラウンベルトがスタイルアップのポイント。
お手持ちのレザージャケットは色も素材
も着丈も彼女にぴったりで即採用！ 求
心的な顔が柔らかく見えるよう、ヘアや
ネックレスで顔周りの空間を作りました。

撮影後の心境

日々の仕事の中で、お客様が綺麗になっていき、表情がドンドン輝いてくるのを見ることが私の幸せ。今回の撮影で「今、まさに私がそういう状態になっている」と体感できたことが新鮮な驚きで。自分で自分を決めつけるのは止めよう。無難な人生から、本当の自分の人生に行こう！という意識が芽生えたことに感謝しています。

File : 026

内田 修子さん（60代）
（うち だ しゅうこ）

嬉しくてハッピーな気持ちになれるから、私は自分の大好きなお洋服を着ています。だから「この年齢になったら、年相応の服を着なきゃいけないよね」というような言葉を聞くと、何だか寂しくて。周りを見て、年齢を理由に諦めて欲しくない！ 自分の好きな服を着たらいいじゃない！と思っていました。

— before —

color	face	body (top)	body (bottom)	volume
SPRING（LIGHT）	デコラティブ	—	—	—

Marika's Advice point

年齢不詳のキュートな雰囲気を過不足なく出せるコーデに。胸元のギャザー・パフスリーブ・散りばめられたパール、とフェイスタイプに合うデザインをふんだんに入れたワンピに、カールヘアやベレー帽で顔を華やかに見せました。黒のブーツご希望でしたが、美脚を生かしたくてどうしてもとブラウンのブーツをお願いしました。

撮影後の心境

撮影でカメラを向けてもらって、自分の中にないものをドンドン引き出してもらいました。モデルになりきって、普通ならしないようなポーズをして、癖になっちゃうくらい楽しかった！年齢を重ねても、キラキラ輝く女性でありたい、影響力のある女性でいたい。これからも自分の大好きなことを追いかけていきます！

File : 027

藤本 明子さん（50代）
ふじもと あきこ

美術短大卒業後、公立中学校の美術
講師を経て、芸大に一回生から入り直
しました。アート系の友達のファッション
は、個性の塊。私も二十歳の頃は刈り
上げベリーショートでした。元々好きなも
のがハッキリしているし、アイテムも持っ
ていたけれど、組み合わせが上手くない
な、という自覚はありました。

before

color	face	body (top)	body (bottom)	volume
AUTUMN（WARM）	デコラティブ	orange	lemon	L

Marika's Advice point

彼女のキュッと締まった足首を際立
たせるコーデ。フェイスタイプに合わ
せてフリルと柄をふんだんに使ったワン
ピで、彼女の目ヂカラをさらに印象
的に。ピアスはワンピと同色にして色
数を抑え、パンプスとブーツのお着替
えで変化を楽しみました。ウエストを
絞ったシルエットで豊かな曲線を出
し、艶やかさを香らせました。

check point

Marika's Advice point

大きな瞳と陶器のような乳白色の肌に惹き込
まれます。お手持ちから、彼女が映える青磁
色の着物と黒×金の帯をセレクト。彼女を
一層華やかにするオレンジを柄・帯締め・髪
飾りのお花……と全身に散りばめ、半襟は
黄みたっぷりの白で豊かな印象に。和紙を
使ったアーティストである彼女に作品を持っ
てきてもらって撮影しました。

撮影後の心境

仕事でアクセサリーを作ることと、アーティストとして作品を作ることは、私にとって真逆のことだったんです。商品を作ってお金を頂くことと、自分らしくあるための作品作り。この二つを少しずつ融合させてもいいのかな、と思うようになって。自分の中でバラバラだったものが自然と纏まっていく、そんな気持ちになりました。

File : 028

三輪 公美さん（50代）
（みわ ひとみ）

昔から「着られたらいいや」「入ったらいいや」という適当な服選びをしていました。しかし、会社の行事やかしこまった席など、イザという時に着て行く服がなく、困った事態に陥っていました。年齢を重ねるごとに「このままいい加減な服選びをしてはいけない！ 何とかしないとな」と思っていました。

before

color	face	body (top)	body (bottom)	volume
SPRING（WARM）	デコラティブ	orange	lemon	S

Marika's Advice point

彼女が持つフレッシュで柔らかい雰囲気を存分に生かしたくて、ボリュームタイプに合わせた軽やかなニットと裾のチュールワンピをセレクト。パーソナルカラーではない黒を使いたいとのことだったので、スカートに使いつつも強くならないようボウタイとベルトは黒でもフェイスタイプに合わせたキュート感あるものに。

check point

Marika's Advice point

めがねが彼女のキーでした。服はどんどん新たなチャレンジしたいけど、めがねは視力補正できればなんでもいいと。自然に変えたい気持ちになるまで待ちたくて、2年後めがね屋さんにご一緒できたときは嬉しかったです。今では自分を素敵にしてくれる顔のパーツのひとつとして、毎日めがねを楽しんでいる姿が素敵です。

撮影後の心境

袖や裾のアレンジ、アクセサリーなどの小物を足すことで「自分らしさ」を自然と出せるようになりました。全身頑張らなくても、着方次第で普段の外出には充分な着こなしができています。あと2年で定年。今後の人生の楽しみとして「身なりを整える大切さ」を、かつての私のような方々に伝えサポートできたらと思っています。

File : 029

宮田 初重さん（50代）
みやた はつえ

高校を卒業した後、私服を自分で選び
始めた時に「何の色も似合わへん」と
いうことに気付いて。いろんな服を試し
たけれど、柄物も似合わない、色物も似
合わない、と思ってナチュラルなベージュ
に落ち着いていたんです。それでクロー
ゼットの中が「砂漠」みたいな色になっ
ていました。

— before —

color	face	body (top)	body (bottom)	volume
WINTER（VIVID）	スタイリッシュ	—	—	—

Marika's Advice point

スラリと長い手足と綺麗なたまご型のフェ
イスラインが印象的。お手持ちのスカー
トをベースに、似合う黒をレザージャケッ
ト・ベルト・ブーツ、とリズム良く配置して
コーデ。フェイスタイプに合わせたネクタ
イ巻きのスカーフで縦のラインを強調し
て洗練度アップ。網タイツでブーツとス
カートをグラデーション的に繋ぎました。

撮影後の心境

マスクを取って自分の笑った顔を見たのは、久しぶりのことでした。元々ガードが堅くて自分の話をあまりしない方なんです。でも、万里香さんは私の身体が喜んでくれるような服を選んでくれて。心より先に身体が受け入れたんです。撮影は心も緩んで全てを自然に委ねることができたので、本当に良い時間だったなって思います。

File : 030

越乢 三恵子さん（50代）

元々カメラマンとして万里香ちゃんとお付き合いがあり、レッスン生の写真を撮影していました。その時はアフター撮影の後にビフォー写真を撮ったのですが、皆さんの輝き方が、ビフォーの時と次元が違う！というのに驚きを隠せず、とにかく万里香ちゃんには全幅の信頼を寄せていました。

— before —

color	face	body (top)	body (bottom)	volume
AUTUMN（WARM）	—	—	—	—

Marika's Advice point

黄みたっぷりのジューシーな山吹色のワンピで、彼女の陶器のようなきめ細かい肌の質感を際立たせました。タイプ診断は色だけですが、ショッピングをしながらスタイルアップのキーは自然な落ち感のある袖と胸下切り替えだと発見！ ななめ前髪と首の付け根あたりのまとめ髪で顔まわりをスッキリさせ、美人度さらにアップ。

撮影後の心境

普段の仕事着は、動きやすく目立たないが鉄則。万里香ちゃんは、そんな私に敢えてこのワンピースを選んでくれたのだと思います。その人が「どうなりたいか」「何を目指しているのか」を常に考えてくれる姿勢にプロ魂を感じます。カメラマンさんも、綺麗で良い写真を撮られる方で、むっちゃ面白い体験をさせてもらいました。

File : 031

千葉 栄さん（50代）
<small>ち ば さかえ</small>

グレーのワンピースにブーツ、というような
スタイルが好きだったんです。黒やネイ
ビーの服を着ることが多くて、明るい色
のものは選んでなかったですね。シンプ
ルなものが好きなので、大きな襟のレー
スとか、可愛すぎるものには抵抗があっ
て。好きなものと似合うもののせめぎ合
いを感じていました。

before

color	face	body (top)	body (bottom)	volume
SPRING （LIGHT）	デコラティブ	orange	lemon	S

Marika's Advice point

ゴールドブラウンのスカートとアイボリー
のブラウスをベースに、赤いベルトや
コーラルピンクのスカーフで女性らし
さを。セーラー巻きしたスカーフや丸
いバックルのベルトはフェイスタイプ
に、肩を少し超えた袖丈はボディタイ
プに合わせスタイルアップ。ジャケット
はショート丈を選びマフラーのボリュー
ムとバランス良く。

check point

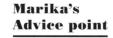

Marika's Advice point

明るく透き通るような肌とピュアでガーリーな雰囲気の持ち主。お似合いの鮮やかなイエローで透明感を出し、シアーなカットソーやカーデと繊細なネックレスをボリュームタイプに合わせることで彼女の可憐さを出しました。カラータイプから少し外したスモーキーな色のパンツを合わせることで、黄色を少し大人っぽくコーデ。

撮影後の心境

黄色いトップスは挑戦でした！ こんなのも
似合うんだと思って。それぞれのプロが集
結して、私の気持ちに寄り添ってくださった
ことが嬉しくて。この撮影で改めて良い人
たちに恵まれているな、人との繋がりに支
えられているな、と感じました。だからこそ、
これから自分も誰かを応援できるような人
になりたい、そう思いました。

File : 032

島崎 陽子さん（50代）
<small>しまざき ようこ</small>

身長が170cm近くあり背が高いので、小さくて可愛い女性に本気で憧れていました。今でこそトールサイズも豊富に売られていますが、袖や裾など何かが足りていたら何かが足らずで、どこかで諦めなければいけなくて。パンツでもスカートでも、バッチリ決まる丈を探し出すのは奇跡に近いものがありました。

— before —

color	face	body (top)	body (bottom)	volume
AUTUMN（WARM）	—	—	—	—

Marika's
Advice point

実はこのワンピはショッピングの際「華やか過ぎて無理!」と却下されているんです。なので一度は辞めていたのですが、ブルゾンを羽織ってもいいならと条件付きでOKもらいました。色味、丈感、大きく波打つ柄、切り替えの位置、肩のデザイン、彼女のからだを美しく見せる要素が詰まっているワンピを着てもらえてよかったです。

check point

Marika's
Advice point

周りを一気に明るくする笑顔と凛とした表情で多面的な魅力のある方。縦糸と横糸の色が違うシャンブレーコートは、色が似合うだけでなく彼女の多面性が引き出せるのではと選びました。ブラウン＆ブルーのパンツに、同じ2色のカットソーの重ね着で色数を抑えマニッシュに。スパイスとしてストールで赤みを入れるとグンと女性らしさも。

撮影後の心境

撮影写真を、パーソナルカラーの勉強会をしているメンバーに見せたんです。すると皆に「スゴイね!」と驚かれて。自分なら絶対にしないスタイリングだけれど、人から見たら「めっちゃ素敵!」に映っている。自分が感じる印象と客観的な印象はこんなにも違うんだ!と気付けました。体当たりでチャレンジして良かったです!

File : 033

三木 清美さん（50代）

若い頃、目立ったばっかりに嫌な思いを
たくさんしてきたんです。とにかく人目に
つかないようにしたい、だけど自分も表
現したいという矛盾をずっと抱えていまし
た。経営する美容室もSNSで発信しな
い、看板も出さない。誰にでも来て欲し
くないという店の様子が、まさに私の心
の中を表しているようでした。

— before —

color	face	body (top)	body (bottom)	volume
WINTER（VIVID）	スタイリッシュ	chocolate	chocolate	L

Marika's Advice point

スタイルの良さと服に負けないパワー
が求められるデニムのセットアップ。今
の彼女にはこれしかないと確信を持っ
てセレクトしました。トップには彼女の
肩を綺麗に見せるオフショル、ボトム
にはボリュームたっぷりのワイドバギー
と重厚なブーツでスタイルの洗練度
を高めました。直線的や宇宙的な空
間で撮影し突出した個性を。

Marika's Advice point

しなやかさと強さと圧倒的な存在感で周りを魅了する方。パープリッシュブルーとツヤのあるブラックの華やかコーデ。コクーンなスカートを似合わせからのハズしアイテムとして使い、ゼブラの縦長ストール・シャープなベレー帽とベルト・直線的なメガネとネックレスをフェイスタイプに合わせ、スタイリッシュに仕上げました。

check point

撮影後の心境

ウィンタータイプの人は周りの目を惹くのが個性なんですよ。50歳を機にもう解放してもいいのでは?とまりかちゃんに言われて、涙が堰を切ったように流れて。「今まで悩んでた自分アホくさ!」と。自分の生き方や志を洋服で表現できるって本当に素晴らしい! 外見って内面の一番外側。今の自分を自由に表現できることに感謝です。

Backstage shots

写真を撮影するにあたり、たくさんの人が関わっています。1枚の絵を全員で描くような気持ちで、それぞれの役割で同じゴールに向かう。撮影は常に一体感に包まれ、笑い声に溢れていました。

Fashion for You
完成までの軌跡

人の魅力を引き出すファッションは、それを纏う人の毎日を素敵に変える力がある！　そのことを多くの人に伝えたい！　そんな思いでスタートした出版プロジェクト。自分ならではの装いに挑戦したい33人の女性に集まってもらい、それぞれの個性に応じたファッションを提案し、取材し、撮影する。言葉で書くとあっという間にできそうですが、その裏にはさまざまなドタバタがありました……。本書がどのように完成したのか、その舞台裏もお楽しみください。

follow the trajectory

プロジェクトの軌跡

まずはプロジェクトがどのように立ち上がったかをご紹介します。登場する出演者さんのほか、協賛くださった企業さま、ヘアメイクやカメラマン、ライターなど、たくさんの方々の協力があって、こうして一冊の本が完成しました！

1
2022年1月
出版を決意

女性が内から輝く様子を写真集にして出版したい！　でも一体できるのか……お客さまに相談したら「新しい文化を作るんだね！応援するよ！」と背中を押してもらい勇気が出る。

2
1月
出版社探し

写真集はおしゃれに仕上げたい！を最優先に探すと「デザインに強い」パレードブックスを発見。HPも制作実績も都会的な印象でイメージにぴったり！　すぐ訪問予約。

3

2月　出版社訪問

私の目指す写真集をわかってくれるのか？　緊張しながらドアを開けると、優しそうな女性2人組が迎えてくれた。思いを伝えると2人とも身を乗り出して聞いてくれた。私の著書まで調べてくれて本気度高い感じ！

4
2月
撮影チーム決定

プロジェクトをSNSに載せたら、ブライダルスタイリスト時代からの仲間であるバニラさんから「超共感！　ぜひ一緒にやりたい」と連絡が！　さらに仕事仲間のカメラマンみきちゃんも参加したいと言っているよ、と引き合わせてくれることに。ヘアメイクは大切な撮影の時に必ずお願いしている凄腕の上に会話も楽しいみかちゃんしかいない！と依頼する。

5
2月
YouTubeで企画発表

まだ前例がほとんどない一般女性を主役にする写真集。しかもその日だけおしゃれにおめかしすることは目的じゃない、その人の日常からの変化を目指す──って、私の中では熱い思いが溢れているけど、みんなに結構伝えるのかなり難しくない!?　YouTubeに出演してくれたまみちゃんも企画発表の動画を撮りながらじわじわ理解できた様子……。これは大変！　初めての人にもわかりやすく伝えなくちゃ！

6
2月
サポーター募集

手伝いたいと言ってくれる人はいるんだろうか、負担になったらどうしよう……。心配だらけだったけど、続々と仲間が集まってくれた！　なんと15人も！　なんか希望が見えてきたぞ。

7
3月
サポーター役割決定

オンライン会議で、サポーターさん同士の顔合わせとコンセプトの共有をすることに。タイトルを相談すると、長いタイトルは古いらしいよと教わり、「JUST BE」（後に変更）に決定。

8

5月
オンライン説明会

出演を決意した人と迷っている人向けに説明会を4回開催。どんな写真集なのか、出演したらどんな流れになるのかを話す。参加者さんに心配事を聞かせてもらったり、世間話をしたりしてほのぼのした説明会。

9 5月
クラウドファンディングスタート

「美のプロ集結！魅力に気づき内から輝く女性達のビフォーアフター写真集」というタイトルでREADY FORにて実施。スタートするまでに、リターンをどんな内容で価格をどうするか、内容をどう書くか、すごく頭を悩ませる。その度に一緒に考えてくれたサポーターのみんな。目標額を初日で達成できて、嬉しくてありがたくて……。写真集実現の第一歩。

10

カウンセリング、パーソナルタイプ分析

魔法スタジオでお茶しながら、参加の理由やファッションの悩みを教えてもらう。その後ファッション選びの根拠となるパーソナルカラーやフェイスタイプ分析で出演者さんに自分自身の魅力の出し方を知ってもらう。

11

ショッピング同行

着たい服が手持ちにない場合、百貨店やセレクトショップで似合う服選び。どのお店に行くかはその方の好みや持ち味に合わせて。わいわい試着しながら出演者さんとイメージをすり合わせていくのが楽しい！

14 7月〜12月
撮影＆インタビュー

撮影前夜は毎回興奮で眠れない撮影チーム（笑）今までの全力の取り組みが形になるワクワク感と出演者さん全員の120％を時間内に引き出せるか身が引き締まる想い、両方やってくる。当日は夢中で全力疾走しているうちに撮影完了。撮影後はディレクターもんちゃん手配で、ライターまみちゃんの出演者インタビュー。夜のオンラインなのでみんなすっぴん。ストレートな気持ちを聞かせてもらって文章化する。

12 ロケハン

撮影当日のスタイリングが決まったら撮影チームで共有。バニラさんがポージング案を練り、出演者・衣装・ポーズが一層映える場所を探すべくバニラさんとみきちゃんが下見に。

13 スケジュール作り

衣装・ポーズ・ロケ地の全てが決まったら当日の香盤表作りに着手。手一杯の私を気遣い、ディレクターもんちゃんが担当。出演者さんやスタッフ全員の動きを時間割表にしていく。

15 12月　写真セレクト

ひとりあたり100〜200枚撮影した中から掲載用2〜6枚を選ぶ。バニラさんのポージング目線、みきちゃんのカメラマン目線、まりかのスタイリング目線を合わせてベストショットを選ぶけど、良いのが多すぎて迷う。

16 2023年1月〜2月
記事作り

撮影シーンを思い出しながら、全員のアドバイスポイントやまえがき・あとがきを書いているとなんだか涙が……。パーソナルタイプの解説、帯の文言・プロジェクトの軌跡・スタッフ紹介など、朝から晩までPCの前で超集中。出版社の竹中さんにスケジュール管理してもらい、イラストや写真を超特急で仕上げてもらって、なんとか締切内に書き上がる。

17 2月〜6月
レイアウト、印刷……出版！

パレードさんで、出演者さんの写真や原稿を全部レイアウトしてもらって、いよいよ本に仕上げていく。初めて本を手に取る人にも見やすくて、写真集に込めた想いが伝わりやすくなるように、知恵を絞っての編集作業。初校ゲラができたらまりかに送って赤字チェック。再校でチェック、最終校でチェックと進み、いよいよ1,500部の出版！電子書籍化も！

Beginners

初めてのパーソナルスタイリング
島崎陽子さん

プロジェクトをきっかけにまりかちゃんと初めて会いました。初対面の人と新しい挑戦をするなんて……ずっとドキドキしていました。背中を押してくれる人や応援してくれる人が周りに居てくれたおかげで、一歩踏み出せました。

1 プロジェクトを知る

お世話になっている方から「きっと陽子ちゃんの為になる挑戦になるよ」と、写真集のことを教えてもらいました。最初は「私が写真集なんてとんでもない！」と思いましたが、どんな写真集なのか興味は持ちました。

2 オンライン説明会

全く想像もつかないので、どんなことをするのか、他にはどんな人が参加するのか知りたくて参加。特別な人でなくても大丈夫だとわかり、私も出てOKなのかなと思えました。

3 申し込み

写真集掲載は1着と2着のプランがあったのですが、とりあえずハードルの低い1着のプランに申し込みました。ドキドキするけど、もう体当たりで飛び込んじゃおうと思って決心。

5 ショッピング

とにかく楽しみでテンションMAXで臨みました！ カーキのコートを選んでもらい、パンツを買ってそれに合わせるニットを探している途中で「古着屋さんにも行ってみたい」と連れて行ってもらうことに。そこで勧められた柄ワンピースが衝撃的すぎて……逃げ出したくなりました（笑）。でも、思い切ってチャレンジしてみよう！ そして、せっかくなら2着撮ってもらおう！と、ここでも飛び込みました。

4 カウンセリングパーソナル分析

香川県で美容師をしていて、パーソナルカラーはお客さまに診ていただいたことがあって勉強していました。ですが、まりかちゃんならではの視点も聞いてみたくて、骨格ではなくカラーの分析を選びました。

6 不安解決

古着屋への移動とか予定外のことをしたので途中で時間切れになったのですが、別の仕事を終えたまりかちゃんが戻ってきてコーデが完成するまで根気よく付き合ってくれました。

7 撮影

私の撮影場所はホテルだったので、客室もあり、すごく快適でした。初対面の方も一緒に撮影だったのですが、お互いのスマホで写真を撮りあったり、褒めあったりしてとにかく楽しい時間でした。撮影チームそれぞれのプロ技術やチームワークにも感動。おかげでモデルになりきって撮ってもらえました。撮影後客室でみんなとおやつを食べたのも楽しかった！

8 インタビュー

一緒に出演した方たちと4人でインタビューを受けました。まみちゃんともんちゃんが盛り上げて熱心に聞いてくれたので話しやすかったです。他の人の話を聞いて共感したり笑ったりして、あっという間の40分。

9 原稿確認

話した内容が文字になると、不思議な気分でした。今となっては撮影前に考えていたことが少し遠い出来事に感じました。この写真集を通じて、自分の中で気持ちの変化や認識の進化が結構あったんだなと感じました。

パーソナルスタイリング常連！
レッスン生の藤本明子さん

似合う色・デザイン・服のかたち・素材など1404のタイプ診断を受けて、今はその使い方やコーデのレッスン継続中です。毎回ワイワイ楽しくて、自分だけでなく他のメンバーさんとお互いの魅力に気づいて、みんなで高めあっている感じです。

1

プロジェクトを知る

2月の着物お茶会の帰りに、この写真集プロジェクトの事を聞いて『大変なビッグプロジェクトだ！』と思いました。それと同時に『すごくキラキラした夢のあるプロジェクトだなー』とも感じ、ワクワクしました。

2
オンライン
説明会

実は、オンライン会議に慣れていなくて最初はちょっと緊張しましたが、始まってみると顔見知りの人もいてホッとしました。いよいよプロジェクトが始動するんだと実感しました。

3
申し込み

出演プランは2コーデにしました。アクセサリーの仕事をしているので社内協議し広告プランも参加。こんなポジティブな企画を広告掲載で少しでも応援したいと思いました。

5
不足分ショッピング

普段は絶対出さない足を出してみようと思い、靴はまりかちゃんと一緒に買いにいきました。私の顔に合うパンプスの形と骨のボリュームに合うヒール、そして肌に合う色で選ぶと、大きな百貨店のフロアにたった3足。ゴールドのリボン付きパンプスを履いた瞬間、足がスラーッと見えて即決まり。結局、15分程で買い物終了。残りの時間は2人で楽しく写真集のことをお喋りしながらお茶しました。

4

打ち合わせ
手持ち服セレクト

母が揃えてくれた着物を着たかったので、オンラインでまりかちゃんと相談しながら、着物、帯、小物を一気に決めました。もう一着は着物とはガラッと違う印象のワンピースを一緒に選んでネット購入しました。

6
不安解決

イヤリング、ネックレス、ヘアアクセサリーは、パーツの色や素材、微妙なサイズ感など細かくまりかちゃんに相談して、自分で制作。なかなかない経験なので気合いが入りました。

7
撮影＆サポート

7月に撮影の応援にいって撮影の様子は見ていましたが、当日まではずっとドキドキでした。ロケ地が決まると『着物コーデのとき一緒に撮るから作品持ってきてね』という連絡が。撮影されるまで全く想像がつかず、ほんとに大丈夫？と思いましたが、写真を見ると背景とマッチしていてビックリ。レッスン仲間と一緒に撮影できたのも嬉しかったです。

8
インタビュー

インタビュアーが同じクラスでレッスンを受けていたまみちゃんだったので、リラックスして話せました。グループでのオンラインインタビューなので、他の方のお話も聞けたのが楽しかったです。

9
原稿確認

インタビューで色々話した事がコンパクトにまとまっていて感心しました。日常では過去を振り返ることも、どう変わったかを考えることもあまり無いので、客観的に自分を見ることができる良い機会になりました。

> ビフォー
> 美術短大卒業後、公立中学校の美術講師を経て、芸大に一回生から入り直しました。
> アート系の友達のファッションは、個性の嵐。私も二十歳の頃は刈り上げベリーショートでした。
> 元々好きなものがハッキリしているし、アイテムも持っていたけれど、組み合わせが上手くないな、という自覚はありました。
>
> 150字
>
> アフター
> 仕事でアクセサリーを作ることと、アーティストとして作品を作ることは、私にとって真逆のことだったんです。
> 商品を作ってお金を頂くことと、自分らしく

〈 Stylist / Author / Producer 〉

山下 万里香

Marika Yamashita

Profile

昔からファッション好きで、小学生の頃ひとりで電車に乗り大阪で買い物していた。伸びると信じていた身長は150cmで完成。チョコとコーヒーとお寿司と漫才が大好き。M-1は歴代チャンピオンを全員覚えている。

Company

大阪市のスタイリングスタジオ「デイズ・ヌーヴォー」代表／ファッションと強みコーチングで人の才能を内と外から伸ばす。ベルメゾンの商品企画・「おはよう朝日です」出演など。著書『スタイリストが教える！お客さまをもっと素敵にする接客術』（同文舘出版）

出演者もスタッフも全員のびのび実力発揮！
お互いの得意を出し合って支え合いました。

写真集プロジェクトの立ち上げと実施、インタビュー記事以外全ての原稿の執筆、全員のスタイリングを担当しました。とてもひとりではできない大きなプロジェクトを通じて、チームで協力しあって挑戦する素晴らしさを学びました。みんなを頼って助けてもらうって大切だしありがたいことですね。スタイリングでは、皆さんのチャレンジしたい気持ちの半歩先でエスコートすることを心がけました。無謀じゃないけど想定外の挑戦をしてもらって、でもそれがいつの間にか当たり前になる……。それを積み重ねて自分をアップデートする皆さんの姿には、深く心を動かされました。

〈 **Hair / Makeup** 〉

松村 美佳

Mika Matsumura

Profile

大学在学中にヘアメイクを志し、美容学校をダブル
スクールして卒業。お酒が好きでグルメツアーが趣味。
海外旅行も好きで20ヵ国以上訪れた。人と話すのが
好きで相手のいいところを吸収したいと思っている。

Company

ヘアメイクandキャスティングoffice Nue:（ヌエ）代表
フリーランスのヘアメイクアップアーティスト／関西と
東京に事務所を持つ。ヘアメイクは広告、TV、CM、
ファッション、ブライダルの各所から絶えず依頼があり、
専門学校講師やヘアメイクのキャスティングも行う。

大きな一歩を踏み出した出演者さんがすごい！
面白そう→やりたい→叶う──を見て感動した。

人に元気を与えるビタミンみたいなプロジェク
トだなと思って参加しました。私は撮影当日に
バトンが回ってくる役割ですが、出演者さん
全員、気持ちがポジティブに整った状態で来
られることがありがたかったです。私が日頃
心掛けている「毎日心身ともに整えてお客様を
迎える」ということを、出演者さん側も既に実
践されている！と。どの撮影日も、スタッフ出
演者関係なく皆がまるで友達のように仲良く協
力的で個性を尊重しあっているのが伝わって
きました。このプロジェクトに参加すると決め
たことで、自分の世界を変えていける皆さんが
すごいし、かっこいいです。

〈 Posing stylist 〉

冨森 千恵子

Chieko Tomimori

Profile

物心ついた時から規格外の身長で、小学生の遠足時に先生と間違われるほど。「平均ではない事に恐れない」性格が養われ、ファッションも人生もオンリーワン思考に。愛読誌は『VOGUE』『ELLE』。

Company

Vanilla Closet（ヴァニラクローゼット）／2006年奈良市で自宅サロン開設。元モデル経験を活かした、綺麗な姿勢と歩き方やエレガントな身のこなしをレクチャー。パーソナルカラー診断／ウォーキング＆写真の撮られ方／プロフィール写真撮影／成人式前撮り撮影チーム「uka」

美の価値観やプロ意識が同じ感覚の人達と
チームで挑戦できる事に魅力を感じました。

その人らしさが伝わる撮影イメージの企画と、撮影当日のポージング指導を担当。撮影ロケ地探しをして交渉したり、突発的なことがあってもスムーズに撮影が進むよう臨機応変にスケジュールを組み直したりするのが得意で、今回すごく頑張りました。「写真に撮られるって楽しい！」と思ってもらえるよう、出演者さんの衣装が決まったら、その人の世界観をイメージ画像にしてお渡しし、当日までワクワクしてもらえるようにしました。この写真集は、年齢や職場とか立場で自分のおしゃれを諦めかけている人達に見て欲しいです。自分を認めて自分にもっと期待して欲しいですね。

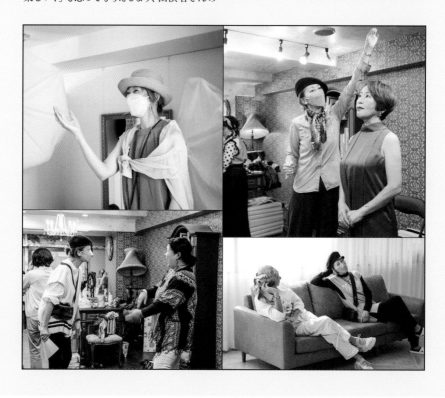

〈 Photographer 〉

植畑 美喜

Miki Uehata

Profile

共感力が高く、人の想いを聞くとつい惹きこまれ、それを写したくてウズウズする。沖縄と音楽鑑賞・ギター・三線をこよなく愛している。

Company

2 of sound photograph／関西を中心に、全国で人物写真を出張撮影するフリーランスカメラマン。家族写真、企業用撮影、イベント撮影、ブライダル、遺影撮影など、人の生き様があらわれる写真を撮影。楽しい現場作りと、まるで動いているみたいに生命力を感じる写真が得意。

出演者さんが自分で進化できたと思えた瞬間、内から溢れ出す特別な美しさを絶対撮りたい。

外見の仕事なのにお客さまの内面を大事にしていることに共感してプロジェクトに参加。撮影中、人間ってなんて愛おしいんだろうと思うことの連続でした。出演者さんから「自分でありたい」「美しく開花したい」という情熱をすごく感じて、それを全力で受け止めて一緒にさらに高めることを意識しました。写真は表情を通じて感情や生き方がはっきり映るので、安心して素を出してもらえるように私も素で接するように心掛けていました。この本を手に取った方には、外見に目を向けることで新たな内面の魅力と出逢えて新しい方向が開けることもあるよと伝えたいです。

〈 **Director** 〉

石田ともよ

Tomoyo Ishida

Profile
イベントの立案・運営や人前で話すのが好きで司会進行も得意。小さい頃から、人と食べ物に恵まれているのが自慢。大事にしているのは、自分と周りが心身ともに健康で、ご機嫌さんでいること。

Company
作業療法士というリハビリテーションの専門職。こころとからだのおもしろセラピストもんちゃん、と名乗っています。「心身ともに健康で、関わる方の可能性を広げ、ご機嫌になる!」をモットーに、個人相談や講師業などをメインに活動しています。

特別な人だけのプロジェクトじゃない！
読んでいるあなたも輝けると知って欲しい。

ディレクターとして、撮影スケジュール管理や出演者さんへの諸連絡など、プロジェクトが円滑に進むための監督役を担当。出演者さんがのびのび楽しめるために、細かい部分のケアや漏れのない連絡を丁寧にすることを大切にしていました。撮影当日は撮影チーム・サポーターや出演者さん全員の一体感がすごくて、お互いを助け合おうとする姿が印象的でした。撮影後インタビューで、出演者さんがキラキラした笑顔で「やってよかった！」という声を聞くのが一番嬉しい瞬間。この本をはじめて読む方にも、自分の中にある可能性がどれだけ大きいかをぜひ感じてもらいたいです。

〈 Interviewer / Writer 〉

進 麻美子

Mamiko Shin

Profile

無類の人好きライター。人の人生を聞くこと、その人が大事にしている信念、抱えている想いや感情を文章で伝えていくことが何より大好き。魂の声を引き出す全方位からの質問力には定評がある。

Company

株式会社マーキーズ　代表取締役／（株）船井総合研究所で接客コンサルタントとして活躍。独立後も雑誌への寄稿、ビジネス書出版のアドバイスなど執筆活動を中心に精力的に活動している。『売れる販売スタッフはここが違う』（同文館出版）著書3冊、共著3冊。

「溢れ出る生きる喜び」と「自分への尊敬と愛」をダイレクトに感じました！

撮影後に出演者さん全員にインタビューして、それを文章にまとめる役割でした。皆さんの美しさと「私は今、生きている」というエネルギーに圧倒されました。撮影を通して、ある人は自分と真摯に向き合い、またある人は「私って、素敵なんだ」というご自身への深い愛に気付く体験を。おとな女性達の「私として生きる」

という決意が「自分の未来が楽しくてたまらない」という言葉となって溢れ出ていました。それはまさに、この写真集のコンセプトそのものなのだ、と気付かされました。自分しか語れないビフォー・アフターのストーリーを見せて頂けたことに感謝です。

| Epilogue

JUST BE から Fashion for You へ

　この写真集のタイトルは最初『JUST BE〜あなたが主役になるスタイリングの魔法〜』でした。そこに込めたメッセージは「ありのままのあなたが美しい」。

　出演する方が、別人のように飾り立てるのではなく自分らしく輝く姿を納めた写真集にしたかったからです。

　自分を知ることで、自身の良さに気づく自己受容感や、このままでいいんだという自己肯定感をテーマにしていました。

　この名前は、企画が始まったときサポートしたいと言ってくれた方達10人ほどでオンライン会議をしてみんなで話し合って決めたものです。春のクラウドファンディングから始まり、冬に全員分の撮影が終わるまでずっとそのタイトルで進んできました。

　撮影した中からどの写真を載せるかは、ポージングのバニラさんとカメラのみきちゃんと一緒に3人それぞれの視点でどれがいいかを出し合って、これもいい、あれもいいと何度も写真を見返しながら決めました。

　写真を見ていると、出演者さんと一緒にコーディネートを考えてドキドキしながら撮影に臨んだことや撮影中のおしゃべりで盛り上がってゲラゲラ笑ったことがどんどん蘇ってきて、それぞれのストーリーがなんてドラマティックなんだろうと感じていたとき、私の中でふと違和感のようなものがよぎりました。

　「あれ？　もしかして JUST BE という言葉よりも前に進んでいるのでは？」と。

　出演者のみなさんは自己受容感や自己肯定感を経て、毎日を自分らしく彩っていく「自己表現」のステージに突入しているんじゃないかと感じたんです。

　JUST BE という想いは、出演者さんの中に種として蒔かれ、撮影を迎える頃にはそれが大きく花開いている姿を見て、もう JUST BE という枠には収まりきらないと思いました。

そして同時にプロジェクトとしても成長を迎えていました。

　最初は私が掲げた写真集という夢を応援しようと集まってくれた人たちでしたが、企画が進み撮影が進んでいく中で「プロジェクトのために」に「出演者さんのために」「サポートしてくれる人のために」「仲間のために」とお互いを気遣い応援し合う気持ちがどんどん広がっていっていました。
　現場で撮影チーム全員が出演者さんをより良く表現するために、と全力以上の全力を出し続けていたことを傍でずっと見てきたことも大きかったです。
　撮影までの打ち合わせやロケハン、撮影交渉といった目に見えない準備から、緊張する出演者さんへの声掛けや誘導まで、全員が楽しみながら最大限のチカラを発揮していました。

　出演者さんのステージアップ、互いを想い合うチームの成熟、それらを表現する言葉として選んだのが Fashion for You です。

　この本を読んでくださった方に、出演者さんの美しさと共に、ここに込められたエネルギーや想いもお届けできると嬉しいです。

　このプロジェクトは本当に多くの方に支えてもらって形にすることができました。
　一般女性の写真集を作りたいというあまり前例のないことへのチャレンジを応援してくださったクラウドファンディングの支援者さん、関わりたいと集まってくれて撮影補助に駆けつけてくれたサポーターのみなさん、勇気を出して撮影に挑戦してくれた出演者のみなさん、共に作りたいと名乗りでてくれた撮影チーム、私の想いをカタチにしようと根気よくサポートし続けてくれたパレードブックスの竹中さん、この中の誰が欠けてもこの写真集は生まれませんでした。
　心から感謝しています。

　読んでくださったあなたもこのプロジェクトの一員だと思っています。
　あなたが、出演者の中の誰かにどこか重なる部分を見つけてもらったり、あなたの中にも Fashion for You が存在していることを感じてもらえますように。

協賛企業
・
団体

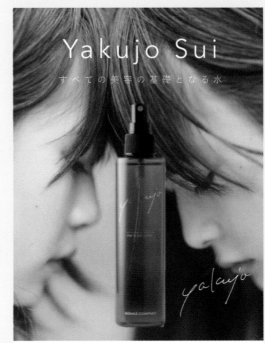

Yakujo Sui
すべての美容の基礎となる水

SAVOIR-FAIRES
サヴォアフェールズ株式会社

ウエダ美粧堂

ホームページ　　　　　　Instagram

予防美容認定サロン

〜モナジコス〜

Monajicos

38歳以上女性限定

HP　　　　Instagram

お問合せ・ご予約はこちら
06-7860-2815
monajicos@beauty.zaq.jp
大阪市淀川区木川東 3-4-31 徳永ビル 4F

クラウドファンディングご支援者さま（敬称略）

フォトアーティスト 三宅みき

アロマサロン ココサリー 吉田洋旺子
Barbacane 廣瀬愛子
K.T.

齊藤美菜子
C.H.

キッカ堂 まつもとじゅんこ
Sachiko
パステルさちこ
こま

ジュネル株式会社 伊與田美貴
和 Nishikawa
Yoshiko Nakayama
裕香吏
kazuyo
リー
はるちゃん
SONOMI
Yellow Skip 真理子

ZUPPA 池田晃子
Nonko
石田ともよ
窪山優子
デコルテクチュール 古田朋子
KITAHARA Rieko
立花裕実子
フジタナオ
着つけのさち 大塚幸子
わくだようへい

KaoruYabusame
矢野友子
KIMI
makitty

REIKO
日本極東貿易 竹内登
日本極東貿易 おおかわふみえ
コマネットヨーコ

【撮影協力】

Saracordir
服部緑地　都市緑化植物園
大阪マルキン家具
大阪府立中之島図書館
カフェダイニング〜cafe snow〜
湊町リバープレイス
vegecafe＋α
C8 STUDIO／オクタボスタジオ 梅田
オクタボスタヂオ／北浜第三写真室
大阪市中央公会堂
ホテルモントレ大阪 Rental Studio connect
フラワーショップ atelier Coco
芝川ビル
N-studio house in HORIE
梅田スカイビル
Experiment Space「DONNY」
Kamomi style YOGA Studio　大阪校
株式会社you net光

【撮影当日サポーター】

進麻美子
藤本明子
古田朋子
三輪公美
大野孔子
リー
石田ともよ
木下益子
Kazuyo
まつもとじゅんこ
高森里香

スタイリスト/パーソナルスタイリスト
デイズ・ヌーヴォー代表

山下万里香

1979年生まれ。関西外国語大学 国際言語学部卒。
「ときめきスタイル社」にてスタイリスト修行。個性的で心が惹きつけられるようなコーディネート技術と感性を身につける。ファッションと心理学を融合したアドバイスをしたいと考え、2003年よりパーソナルスタイリストとして活動。肌や顔や体型など、その人の個性を生かす色や服の形を分析し、ファッションからヘアメイクまでトータルで人の魅力を引き出している。スタイリングのプロ技術と似合わせのプロ技術を合わせ、誰でも自分で自分らしいコーディネートができるようになるレッスンが人気。納得いく外見になると内面が変化していくことに気づき、心理学を再度学ぶ。2020年よりGALLUP認定ストレングスコーチとして、人が生まれ持った才能や長所を伸ばすためのコーチングも開始。

@FASHION_FOR_YOU_2023

この写真集専用のInstagramアカウントです。
撮影中のオフショットやエピソードをたくさん掲載していきます。
ぜひご覧いただき、コメントで感想を聞かせてもらえたら嬉しいです。

Fashion for You

2023年6月30日　第1刷発行

著者・スタイリスト・プロデューサー：山下万里香

ヘア＆メイク：松村美佳
ポージングスタイリスト：冨森千恵子
フォトグラファー：植畑美喜
ディレクター：石田ともよ
インタビュー・ライター：進麻美子
イラスト：まさごなつみ

発行者　太田宏司郎
発行所　株式会社パレード
　　　　大阪本社　〒530-0021　大阪府大阪市北区浮田1-1-8
　　　　　　　　　TEL 06-6485-0766　FAX 06-6485-0767
　　　　東京支社　〒151-0051　東京都渋谷区千駄ヶ谷2-10-7
　　　　　　　　　TEL 03-5413-3285　FAX 03-5413-3286
　　　　https://books.parade.co.jp

　　　　スタイリングスタジオ デイズ・ヌーヴォー
　　　　〒532-0011
　　　　大阪市淀川区西中島4-3-21 NLCセントラルビル605号

発売元　株式会社星雲社（共同出版社・流通責任出版社）
　　　　　　　　〒112-0005　東京都文京区水道1-3-30
　　　　　　　　TEL 03-3868-3275　FAX 03-3868-6588
装　幀　藤山めぐみ（PARADE Inc.）
印刷所　中央精版印刷株式会社